CIUDADANAS

ESTELA GARCÍA FERNÁNDEZ

© Estela García Fernández
© De la presente edición, Prensas de la Universidad de Zaragoza
   (Vicerrectorado de Cultura y Proyección Social)
   1.ª edición, 2025

Este Cuaderno ha sido financiado por la Red Libera Res Publica (RED2022-134584-T, Agencia Estatal de Investigación, Ministerio de Ciencia e Innovación, Gobierno de España).

Imagen de cubierta: Laurent de La Hyre, *Cornelia rechaza la corona de los Tolomeos* (detalle) (1646). Museo de Bellas Artes de Budapest. Wikimedia Commons.

Cuadernos *Libera Res Publica*. Las Mujeres en la República Romana, 7

Directores de los Cuadernos *Libera Res Publica:*
Cristina Rosillo-López
Francisco Pina Polo
Elena Torregaray Pagola

Prensas de la Universidad de Zaragoza. Edificio de Ciencias Geológicas, c/ Pedro Cerbuna, 12 50009 Zaragoza, España. Tel.: 976 761 330 puz@unizar.es • http://puz.unizar.es

Editorial Universidad de Sevilla, c/ Porvenir, 27, 41013 Sevilla, España. Tel.: 954 487 447 • info-eus@us.es • https://editorial.us.es

ISBN 979-13-87705-51-0
Impreso en España
Imprime: Servicio de Publicaciones. Universidad de Zaragoza
Depósito legal: Z 839-2025

Una noche del año 151 a.C., un ciudadano romano que regresaba de una cena, quizá algo ebrio, sufrió una herida considerable en la cabeza al ser alcanzado por una piedra lanzada desde una ventana. Un asunto menor entre tantos otros que ocurrían en las calles de Roma, si no fuera porque el herido era un magistrado romano llamado Aulo Hostilio Mancino, que no dudó, furioso, en denunciar a la agresora. Esta resultó ser una prostituta de nombre Manilia, quien se había negado a recibir a Hostilio en su casa. Ante la cada vez más violenta insistencia del magistrado, que intentaba forzar la entrada, a Manilia no se le ocurrió otra cosa que echarle de su casa a pedradas. Al conocer la denuncia del magistrado, Manilia pidió auxilio a los tribunos de la plebe para impedir que este siguiera con el proceso. Los tribunos decretaron que Hostilio Mancino había sido expulsado con todo derecho de la casa de Manilia y censuraron su comportamiento. Pero lo más importante es que impidieron con su veto que el asunto siguiera adelante (Aulo Gelio, *Noches áticas*, 4.14).

Quizá sea este uno de los episodios que mejor evidencia el ejercicio práctico de la ciudadanía por parte de una mujer romana. No se trata, además, de una destacada mujer de la aristocracia, acostumbrada a ser respetada y a hacer valer su influencia, sino de una romana de baja condición social, una prostituta, a la que los magistrados del pueblo romano protegen con su autoridad. Y lo que es más significativo, es Manilia misma quien pone en marcha el procedimiento legal. Una acción, la apelación a magistrados de Roma, a la que no tendría derecho si no fuera una *civis Romana*, una ciudadana.

Podríamos pensar, tal vez, que Manilia era una mujer especialmente resuelta, pero lo cierto es que su comportamiento no parece tan excepcional. Las ciudadanas romanas realizaban a menudo consultas jurídicas o acudían a los tribunales a defender sus derechos e intereses. Y no acudían a cualquiera, sino, en muchas ocasiones, a destacados juristas y abogados (Cicerón, *Sobre el orador*, 2.33.142). El propio Cicerón reconoce haberse ocupado de los asuntos legales de muchas mujeres. Otras veces eran ellas mismas las que se defendían ante los tribunales. Este fue el caso de Mesia, una mujer de la ciudad de Sentino (en Umbría) que en la primera mitad del siglo II a. C. se defendió a sí misma ante el tribunal del pretor en un juicio que despertó una gran expectación en Roma. A juzgar por las palabras de Valerio Máximo, Mesia hizo alarde de una gran competencia oratoria y fue absuelta «casi por unanimidad» (texto 1). La misma competencia demostró Gaya Afrania, esposa de un senador, muy dada, parece, a involucrarse en litigios. Sin embargo las fuentes realizan sobre Afrania valoraciones y comentarios muy negativos, hasta el punto de que su agresiva actividad legal fue la causa de que se prohibiera a las mujeres actuar como abogadas de terceras personas en los juicios. Según recogerá posteriormente la legislación romana, la ciudadana romana solo podrá defenderse a sí misma (*Digesto* 3.1.1.5).

En cualquier caso, parece evidente que las mujeres romanas tenían un notable conocimiento de los derechos que les asistían como ciudadanas y que estaban dispuestas a ejercerlos. La publicación de una obra de Titinio, un autor romano de comedias del siglo II a. C., con el título de *Iurisperita*, algo así como *La experta en derecho*, parodiaría el interés real de las mujeres romanas por las cuestiones legales (fig. 1). Si tenemos en cuenta que la comedia romana se caracteriza por tratar cuestiones y argumentos de actualidad y que la *iurisperita* de la comedia sería un personaje de clase más bien baja, no ha de sorprender que Manilia supiera cómo defenderse del comportamiento abusivo de un magistrado romano.

Fig. 1. La lectora de poesía. Lawrence Alma-Tadema, *Favourite Poet* (1888). Lady Lever Art Gallery, Liverpool. Wikimedia Commons.

TEXTO 1.
MUJERES QUE HABLAN EN PÚBLICO:
LAS ABOGADAS

(Valerio Máximo, *Hechos y dichos memorables*, 8.3.1-2)

«Tampoco conviene pasar por alto a aquellas mujeres a las que ni la condición de su sexo ni el llevar ropas de mujer pudieron impedirles hablar en el foro y en los juicios. Mesia de Sentino, habiendo sido acusada, se defendió ante un tribunal presidido por el pretor Lucio Ticio, en medio de una gran afluencia de público. Y no solo siguió detalladamente todas las partes de su defensa, sino que además lo hizo con determinación, por lo que fue absuelta tras el primer juicio y casi por unanimidad [...] Gaya Afrania, esposa del senador Licinio Bucón, tan dada a involucrarse en litigios, se defendía siempre a sí misma delante del pretor, y no porque le faltasen abogados, sino porque era la desvergüenza en persona. Así, exasperando una y otra vez a los tribunales con aquellos ladridos insólitos en el foro, acabó convirtiéndose en la personificación de la maquinación mujeril, hasta el punto de que a las mujeres de malas costumbres se les asignó el injurioso apodo de "Gaya Afrania"».

1.
La cuestión de la ciudadanía de la mujer romana

A ninguna mujer romana se le hubiera ocurrido dudar de su condición ciudadana, si legítimamente tenía derecho a ello, y seguramente hubiera mirado entre sorprendida e indignada a cualquiera que no la hubiera considerado así. De hecho, cuando en alguna circunstancia se ponía en duda su ciudadanía no era inusual que acabase acudiendo a los tribunales para defenderse. Este es el caso de una mujer de Arretio (Arezzo), cuyo nombre se desconoce, que vio cuestionada su ciudadanía por razones políticas y no dudó por ello en ir a juicio. Conocemos el caso porque fue un joven Cicerón quien la defendió y él mismo nos lo contó. El discurso se ha perdido, pero tenemos el argumento principal utilizado por el abogado con el que ganó el proceso. Según Cicerón, nadie podía privar a un ciudadano de Roma de su ciudadanía, salvo que voluntariamente quisiera perderla para adquirirla en otro lugar (Cicerón, *En defensa de Aulo Cecina*, 97 y 101), lo que no era el caso de la mujer arretina. Es interesante señalar que con un mismo término, *civis* (ciudadano), alude Cicerón de un modo genérico a los ciudadanos de ambos sexos. Hombres y mujeres son todos ciudadanos (*cives*) de la ciudad de Roma.

En los últimos años, sin embargo, la investigación moderna ha cuestionado la condición ciudadana de la mujer romana. La razón que se esgrime es la siguiente: si las mujeres no pueden participar en las asambleas ni desempeñar magistraturas, habría que preguntarse hasta qué punto pueden considerarse ciudadanas aquellas personas que están excluidas de la vida política.

Es cierto que la mujer no podía participar en los órganos de gobierno de la ciudad. Al respecto las fuentes no se andan con ambigüedades. Las mujeres no pueden participar en las asambleas populares, afirma rotundo Aulo Gelio («nulla comitiorum communio est», *Noches áticas,* 5.19.10), y los juristas de época imperial abundan en esta exclusión al dictar que las mujeres están apartadas de todas las funciones civiles y públicas. Este es el motivo por el que no pueden ser jueces, ni desempeñar magistraturas, ni actuar como abogadas, ni intervenir en representación de alguien, ni ser procuradoras (*Digesto* 50.17.2). Es más, las propias ciudadanas romanas utilizaron este argumento para librarse de algunas obligaciones económicas que quería imponerles el Estado. Cuando Hortensia habla en nombre de las numerosas mujeres ricas de Roma, como se verá, su argumento principal es que la exclusión de las magistraturas y de los órganos de gobierno de la ciudad eximiría a las ciudadanas del pago de impuestos. La idea es similar a la que en el siglo XVIII esgrimirán las colonias americanas a las autoridades británicas: «No taxation without representation», esto es, «no a los impuestos sin representación política». Bien es cierto que, en este caso, las ciudadanas no reclamaron representación alguna.

Para valorar la ciudadanía de la mujer romana habría que plantearse dos cuestiones importantes: en primer lugar, qué entienden los romanos por ciudadanía; en segundo lugar, qué relación hay entre la teoría y la práctica, es decir, entre las estrictas formulaciones jurídicas y la realidad social. Si comenzamos por esto último, uno cae en la cuenta enseguida de que, a pesar de las limitaciones jurídicas existentes, la imagen de la mujer romana que transmiten las fuentes literarias no es precisamente la de una persona encerrada en su casa, en la *domus,* ajena al ajetreo social y político de la ciudad. Por el contrario, la mujer en Roma tenía una gran visibilidad y participaba activamente y con éxito en la vida pública de la ciudad. Prueba de ello es que algunos políticos romanos de tendencia conservadora, como Marco Porcio Catón (234-149 a. C.) (fig. 2), consideraban que las ciudadanas se entrometían en exceso en asuntos que no eran de su incumbencia, es decir, todos aquellos relacionados con la gestión política del Estado (texto 2).

Fig. 2. Posible busto de Catón. Wikimedia Commons.

TEXTO 2.
LAS CIUDADANAS EN EL FORO:
LA REACCIÓN CONSERVADORA
DE MARCO PORCIO CATÓN
(Tito Livio, *Desde la fundación de la Ciudad*, 34.2.11)

«Nuestros mayores quisieron que las mujeres no intervinieran en ningún asunto, ni siquiera de carácter privado, más que a través de un tutor; que estuvieran bajo la la dependencia legal de sus padres, hermanos o maridos. Nosotros, si así place a los dioses, incluso les estamos permitiendo ya intervenir en los asuntos públicos y poco menos que inmiscuirse en el foro, en las asambleas y en las elecciones».

Sus irritadas palabras se enmarcan en un debate que se produjo en torno a la propuesta de derogación de una ley que lesionaba los intereses de las matronas y que provocó la primera manifestación de mujeres en Roma con una evidente intencionalidad política.

2.
Más allá del espacio doméstico. Las mujeres de la isla de Lemnos

A la cruel imagen del mito de las mujeres de Lemnos, que dieron muerte a todos los varones de la isla (fig. 3), ha de recurrir en su discurso Catón, el cónsul del año 195 a. C., para intentar impresionar el ánimo de la audiencia con temores exagerados y lograr su objetivo político, que no era otro sino frenar el proceso de derogación de una ley (texto 3).

TEXTO 3.
LA INSUBORDINACIÓN POLÍTICA
DE LA MUJER EN ROMA
(Tito Livio, *Desde la fundación de la Ciudad*, 34.2.1-4)

«Si cada uno de nosotros, Quirites, se hubiera propuesto mantener su autoridad y su dignidad de marido frente a la propia esposa, tendríamos menos problemas con las mujeres en su conjunto; ahora, nuestra libertad, abatida en casa por la insubordinación de la mujer, es humillada y pisoteada incluso aquí en el foro, y como no fuimos capaces de controlarlas una a una, nos aterrorizan todas a la vez. Yo, la verdad, pensaba que era una fábula, privada de todo fundamento, lo de que todo el sexo masculino había sido eliminado en cierta isla por una conjura de las mujeres».

La derogación o anulación formal de una ley no tendría en sí nada de particular, aunque no era una práctica frecuente en la política romana. Sin embargo, en esta ocasión el historiador romano Tito Livio, nuestra fuente principal sobre este asunto, se detiene a narrar con cierto detalle el episodio porque sabe que presenta

Fig. 3. La lemnia Hipsípila salva a su padre Toas. Bibliothèque nationale de France.

novedades que al lector de su obra le pueden interesar. Efectivamente, al intenso debate político se incorpora un elemento poco habitual: la opinión pública femenina, que, a falta de canales de representación, se manifiesta abiertamente por las calles de Roma. No es que las mujeres de Roma no se hubieran manifestado anteriormente y ocupado los espacios públicos. Durante la segunda guerra púnica, cuando llegaron a Roma las noticias de la derrota militar de Trasimeno, las mujeres salieron de sus casas y se dirigieron al foro, donde donde se concentraron durante varios días esperando conocer la suerte del ejército (Tito Livio, *Desde la fundación de la Ciudad,* 22.7.6-14); lo mismo ocurrió tras la derrota de Cannas (216 a.C.). En este caso, era tan ensordecedor el clamor de las mujeres que se ordenó a los senadores mantener a las matronas, es decir, a las mujeres casadas, alejadas de los lugares públicos y obligarlas a que cada una estuviera en su casa (Tito Livio, *Desde la fundación de la Ciudad*, 22.55.6-7). Se puede observar que en ninguna de estas y otras circunstancias similares se incorporan al relato juicios denigratorios en relación con el comportamiento de las ciudadanas que salieron de sus casas para expresar públicamente su dolor y exigir noticias de la guerra y de sus seres queridos.

Sin embargo, con ocasión de la derogación de la ley la manifestación de las mujeres es definida negativamente. Además de comparar a las mujeres con las terribles lemnias, se utilizan otras expresiones de tono negativo como «ejército de mujeres», «secesión» o «amotinamiento mujeril». En realidad, se trata de un numeroso grupo de ciudadanas organizadas que no dudaron en actuar públicamente, fuera de la intimidad de sus casas, para solicitar a los magistrados el apoyo para la derogación de una ley que lesionaba sus intereses más allá de lo conveniente. Esta ley, llamada *lex Oppia*, aprobada en un momento de gran dificultad para Roma, prohibía a las mujeres romanas cualquier exhibición de riqueza en sus vestidos y joyas, e impedía, incluso, el uso de carruajes para sus desplazamientos por las calles de Roma y otras ciudades.

La ley había sido ratificada tiempo atrás, en el año 215 a.C., en una circunstancia crítica durante la segunda guerra púnica que enfrentó a Roma con Cartago, y obligaba a las mujeres a participar del luto y de las dificultades económicas. Quizá la austeridad y modestia femenina fuese sentida en aquel momento como un valor moral que cimentaba la fortaleza de la Ciudad, pero lo más probable es que estemos ante una medida fiscal destinada a dar alivio a las exhaustas arcas del Estado. No era la primera vez que las mujeres ayudaban al Estado con sus joyas, ni sería la última. De hecho, en el año 184 a.C. se procederá a registrar en el censo romano, multiplicando por diez su valor, las joyas, vestidos y carruajes de las mujeres que tuvieran cierta importancia, precisamente por orden de Catón (Tito Livio, *Desde la fundación de la Ciudad*, 39.44.2). El caso es que, una vez acabada la guerra y tras derrotar a Cartago, cambiaron las circunstancias y Roma recuperó su prosperidad. Por este motivo las ciudadanas romanas, respetuosas hasta entonces con la medida, consideraron que no había motivo para mantener la prohibición. Especialmente cuando las mujeres extranjeras de otras ciudades de Italia, a las que no afectaba la medida, iban por las calles de Roma haciendo ostentación de su riqueza (texto 4).

Las ciudadanas romanas no tenían capacidad legal para poner en marcha un proceso de derogación de una ley, pero sí podían manifestar públicamente su opinión y apoyar de forma decidida las propuestas de aquellos políticos romanos que ampararan sus intereses. De este modo las mujeres, tomando el foro y rodeando la casa de algunos políticos contrarios a la derogación, demostraban abiertamente su apoyo al tribuno de la plebe Lucio Valerio, partidario de su causa. La acción de las matronas fue un éxito, porque la ley fue finalmente derogada (texto 5).

TEXTO 4.
LAS CIUDADANAS
Y LAS LIMITACIONES DE LA LEY OPIA
(Tito Livio, *Desde la fundación de la Ciudad,* 34.7.-5-7)

«Todas las ciudadanas sufren y se indignan cuando ven que a las mujeres de los aliados de la confederación latina se les permiten los adornos que a ellas se les niegan, cuando las ven llamando la atención con el oro y la púrpura y yendo en coche por la ciudad mientras que ellas las siguen a pie, como si el imperio tuviera su sede en las ciudades de las otras y no en la suya».

TEXTO 5.
LA DEROGACIÓN DE LA LEY OPIA
(Tito Livio, *Desde la fundación de la Ciudad,* 34.8.1-3)

«Al día siguiente de pronunciarse estos discursos a favor y en contra de la ley, una multitud de mujeres, mucho más numerosa, se desplegó por los lugares públicos y todas ellas se agolparon en masa bloqueando las puertas de los Brutos, que se oponían a la propuesta de sus colegas; no se alejaron hasta que los tribunos retiraron el veto. Después de esto ya no hubo duda de que todas las tribus votarían por la derogación de la ley. Esta quedó derogada veinte años después de su promulgación».

En este episodio de la historia de Roma se observan varias cuestiones de interés. Sin duda, la eficacia política de la acción colectiva de las mujeres, pero también la evidencia de que las ciudadanas romanas no vivían ajenas a la política de la ciudad y que eran muy capaces de generar una opinión pública propia y expresarla.

3.
Hortensia y la defensa pública de las mujeres de Roma

Para ver otra acción colectiva de las ciudadanas romanas hay que trasladarse al año 42 a. C. En este año estalló un nuevo conflicto con las matronas romanas, a raíz de la imposición a las mujeres más ricas de Roma de una contribución para sufragar los gastos de los ejércitos triunvirales. Mediante un edicto, los triunviros Octaviano (el futuro Augusto), Marco Antonio y Emilio Lépido exigieron a 1400 mujeres de Roma que hicieran una valoración de sus propiedades y aportasen para los gastos de guerra la parte que los triunviros asignaran a cada una de ellas. La medida tenía un carácter coactivo, puesto que se preveían penas para las ciudadanas que hicieran estimaciones falsas de su patrimonio o que ocultaran parte de sus bienes, e incluso se premiaba con recompensas a los delatores. Lógicamente, las matronas romanas consideraron que esta exigencia era abusiva, motivo por el cual buscaron a alguien que las defendiera, lo que no fue tarea fácil. Finalmente, una mujer, Hortensia, hija del brillante orador Quinto Hortensio Hórtalo, asumió la tarea de defenderlas (fig. 4).

Se dirigió Hortensia al foro sola, sin ningún otro apoyo que la fuerza de sus argumentos y el respaldo del gran número de mujeres que la acompañaban y, ante la tribuna de los triunviros, habló públicamente (texto 6).

Sus argumentos fueron parecidos a los expuestos por el tribuno Lucio Valerio cuando defendió la derogación de la ley Opia: si las mujeres estaban excluidas de las magistraturas, de los mandos militares, del gobierno de la ciudad, en definitiva, tampoco tenían por qué estar sometidas al pago de impuestos. Es cierto que hay también un segundo argumento de tintes aristocratizantes en el discurso de Hortensia: la necesidad que tenía la mujer de contar con patrimonio propio para poder conservar su estatus y vivir conforme a sus orígenes familiares en una sociedad tan competitiva como la romana. Este patrimonio se vería sensible-

Fig. 4. Hortensia ante los triunviros. G. Boccaccio, *De Mulieribus claris*. Wikimedia Commons.

TEXTO 6.
HORTENSIA Y LA DEFENSA PÚBLICA
DE LAS CIUDADANAS ANTE LOS TRIUNVIROS
(Valerio Máximo, *Hechos y dichos memorables*, 8.3.3)

«Por su parte Hortensia, la hija de Quinto Hortensio, dado que los triunviros habían impuesto un gravoso tributo a las matronas y ningún varón se atrevía a defenderlas, accedió a defender a las mujeres con firmeza y éxito ante los triunviros. Reproduciendo la elocuencia de su padre, logró que llas mujeres fueran exoneradas de las mayor parte de las cargas que se les habían impuesto».

mente disminuido, argumentaba Hortensia, si a las mujeres de Roma se las obligaba a hacer frente al impuesto exigido (Apiano, *Guerras civiles*, 4.31). Su defensa tuvo un éxito relativo, pues el número de mujeres que debían presentar una evaluación de sus bienes quedó reducido a 400 (Apiano, *Guerras civiles*, 4.34).

Este episodio deja ver el enriquecimiento general experimentado por la sociedad romana y, especialmente, por las mujeres, de modo que, a finales del siglo I a. C., el número de ciudadanas ricas capaces de gestionar su propio patrimonio era significativo. Esta circunstancia tendría su impacto en la capacidad de acción e influencia desarrollada por la mujer romana en el ámbito público de la ciudad.

5.
Mujeres aristócratas en la política romana

Las acciones individuales de destacadas mujeres de la aristocracia romana también proporcionaron ejemplos de actividad pública femenina con impacto indirecto en la vida política romana. Es cierto que su actividad se ejercía desde la *domus,* la casa, y que sus actividades iban dirigidas a defender los intereses de las familias respectivas. Sin embargo, el término *domus* no agota su significado en referencia al ámbito doméstico. De hecho, la diferencia que establece el mundo griego entre *oikos* y *polis,* es decir, entre el ámbito doméstico y el político, no es trasladable al mundo romano. El mundo de la *domus* remite a un espacio complejo donde convergen muchos factores, no solo de orden doméstico, sino también jurídicos, sociales y psicológicos.

Las familias aristocráticas romanas vivían en una competencia continua para ocupar una posición de predominio en la Ciudad a la que el mundo de la *domus* no era ajeno. Y es en esta competencia donde la actividad de las ciudadanas de clase alta adquiría una inevitable dimensión política, pues se trata de mujeres que pertenecían al mismo entorno familiar y social de los hombres que gobernaban la Ciudad. Esta circunstancia les permitía intervenir de un modo indirecto en la vida política romana, participando en reuniones políticas informales, organizadas muchas veces por ellas mismas, reforzando o debilitando los vínculos entre las familias, impulsando la carrera política de sus maridos con su propia fortuna o educando y acompañando a los hijos en el inicio de sus carrera y estando atentas a su marcha.

6.
Servilia (100/99-40 a. C.)

Ninguna mujer romana, hasta donde sabemos, fue objeto de una biografía que haya llegado a nuestros días. Posiblemente porque ninguna fue escrita. Sin embargo, sí conocemos, con mayor o menor detalle a través de referencias dispersas, la vida de algunas mujeres romanas que se desenvolvieron en el espacio público con especial dedicación y eficacia. Este podría ser el caso de Servilia, la amante de César y madre de Marco Junio Bruto, uno de sus asesinos. Es cierto, que su actividad estuvo encaminada a potenciar y proteger la carrera de su hijo, al que sacó de más de un apuro gracias a su influencia. Sin embargo, no sería de extrañar que Servilia, así como otras muchas ciudadanas romanas, a través de su defensa de los intereses familiares, acabasen desarrollando cierta inclinación personal por la vida política. La autoridad y desenvoltura con las que Servilia asistía a reuniones políticas informales, convocadas, en ocasiones, por ella misma (Cicerón, *Cartas a Bruto*, 1.18), la seguridad con la que se comprometía a anular ciertos nombramientos previstos por el Senado o la impaciencia irritada con la que hacía callar a Cicerón, como él mismo relata, no se explican únicamente por la defensa de los intereses de su hijo (Cicerón, *Cartas a Ático*, 15.11.1-2; 15.12.1). Participar informalmente en la compleja política romana de los siglos II y I a. C., y relacionarse con destacados políticos e intelectuales, aunque muchos fueran los propios familiares, requería de formación, inteligencia y criterio.

Aunque Servilia, por ser mujer, no podía desempeñar magistraturas, formar parte de las asambleas ni liderar campañas, fue algo más que una madre celosa y vigilante. El propio Cicerón reconoció que se desenvolvía con especial habilidad y energía. Su figura tampoco fue una excepción. Las mujeres romanas de clase alta tuvieron más influencia de la que los autores antiguos reconocen de forma abierta y posiblemente, en muchos casos, utilizaron la defensa de los intereses de sus maridos o hijos para

Fig. 5. La aristócrata romana. Alma Tadema, *The collector of pictures at the time of Augustus*. Wikimedia Commons.

satisfacer una legítima ambición personal a través de las únicas vías indirectas que les daban acceso a la vida política (fig. 5). Con un tono de censura evidente es lo que da a entender Séneca cuando, en su escrito de consolación a su madre, Helvia, alaba en esta virtudes que considera poco frecuentes en su época, como amar a sus hijos por ellos mismos, no por ambición (texto 7).

Es fácil reconocer en el texto de Séneca, que escribió el tratado durante su exilio en Córcega, un comportamiento femenino que resulta familiar. Sin duda, Servilia, como otras mujeres de la época, sin salir del marco establecido, supo ejercer una influencia política real ofreciendo un modelo que, en el futuro, iban a seguir las esposas y hermanas de los emperadores.

7.
Cornelia, la ciudadana sin defectos (189-110 a. C)

Resulta paradójico que la mujer que quizá haya tenido mayor significación política en la República romana se presente con ropajes aparentemente conservadores. Cornelia, la hija de Escipión el Africano y madre de los políticos reformistas Tiberio y Cayo Graco, representa las virtudes de la matrona romana por antonomasia: casta esposa, viuda intachable que renunció a un segundo matrimonio con Ptolomeo VIII de Egipto (Plutarco, *Tiberio Graco*, 1.7) y que pasó gran parte de su vida retirada de Roma en su fastuosa villa en el Miseno (golfo de Nápoles). Fue agraciada, además, con el don de la fecundidad. Cornelia tuvo doce hijos con su marido Tiberio Sempronio Graco, de los que sobrevivieron tres, los dos mencionados más su hija Sempronia, posible depositaria de la memoria familiar. Virtuosa, fecunda y *univira* por haberse desposado solo una vez, Cornelia se convirtió en un estereotipo, lo que hizo inevitable que fuera el blanco de algunos satíricos romanos como Juvenal: «¿Quién soportará a una mujer que no tenga defectos? Prefiero a una mujer de condición humilde a ti, Cornelia, madre de los Graco» (Juvenal, *Sátiras*, 6.166-168).

Cornelia fue, sin duda, un dechado de virtudes, pero también la figura femenina más compleja de la República romana. La actividad en el ámbito público que ejerció como ciudadana de clase alta no es tan manifiesta como podría ser la de Servilia, pero tuvo mayor peso político si se tiene en cuenta la pervivencia de su recuerdo. Cornelia no solo fue la primera mujer romana a la que se erigió una estatua en un espacio público en Roma (fig. 6), sino que su figura tuvo la suficiente relevancia como para que se considerase de interés político la evocación de su nombre y la conservación de sus cartas.

Fig. 6. Cornelia, madre de los Graco. Tabularium, Roma. Wikimedia Commons.

De estas cartas se conservan algunos fragmentos transmitidos por el historiador Cornelio Nepote (*Sobre los historiadores latinos*, 1-2) en los que expresaba su posición política. Para su significación no importa tanto si los fragmentos que leemos en Cornelio Nepote son auténticos o apócrifos. Lo relevante es que el valor simbólico de su nombre fue lo suficientemente importante como para transmitir o «crear», si así hubiera sido, su epistolario.

La exquisita formación griega que recibió Cornelia la convirtió en una mujer muy culta que se expresaba con gran elegancia. Cicerón (*Bruto*, 211) y Quintiliano (*Instituciones oratorias*, 1.1.6), que dicen haber leído sus cartas, atribuyen la sobresaliente capacidad como oradores de sus hijos al talento de la madre: «no se educaron tanto en el regazo de la madre como en su conversación cotidiana», llega a decir Cicerón reconociendo la influencia de su autoridad intelectual. Cornelia se preocupó mucho por la educación de sus hijos eligiendo personalmente a sus tutores entre los intelectuales más destacados de su época y abriéndoles la puerta al conocimiento de la filosofía estoica, que posiblemente ella misma practicaba. Esta escuela influyó directamente en el proyecto político de reforma de su hijo mayor, Tiberio, a través de un filósofo campano llamado Blosio de Cumas. Aunque no se cuenta con ningún texto que de forma veraz recoja la voz de Cornelia, sí parece que estuvo al tanto del programa de reforma agraria y política llevada a cabo por los Graco y de las medidas que se iban tomando para su ejecución. Su desacuerdo parece expresarse solo cuando las decisiones de sus infortunados hijos, muertos ambos violentamente, tocaron los límites de la constitución romana. Esto ocurrió, por ejemplo, en el momento que Tiberio, siguiendo una práctica griega, que no romana, forzó a la asamblea del pueblo a votar la deposición de un magistrado en ejercicio, el tribuno de la plebe Marco Octavio, quien, a su vez, estaba impidiendo con su veto la votación de la ley agraria. Con este acto, inusual en un contexto romano, Tiberio provocó algún importante distanciamiento entre sus apoyos, como el cónsul Publio Mucio Escévola, y un gran malestar a su madre (Plutarco, *Tiberio Graco*, 11-12; *Cayo Graco*, 4.2-3). Sin embargo, en la mayor parte de las ocasiones Cornelia pareció apoyar la política llevada a cabo por sus hijos.

No escasean en los textos referencias más o menos veladas a su implicación, pero es cierto que no son tan concluyentes como pudiera ser en el caso de otras ciudadanas romanas. Quizá al no contar entre sus contemporáneos, como le ocurrió a Servilia, con un autor como Cicerón, quien en sus cartas comentó infinidad de pormenores de la política de su tiempo, se carece de información directa y detallada sobre la acción de Cornelia en el espacio público. No obstante, se cuenta con algunos testimonios que invitarían a pensar que Cornelia compartió los objetivos del ambicioso programa político de sus hijos, a los que siempre estuvo muy unida (Plutarco, *Tiberio Graco*, 7) (fig. 7). Como evidencia de esta implicación se puede acudir a las constantes referencias de Cayo Graco a su madre en sus

Fig. 7. *Cornelia, madre de los Graco,* Angelika Kauffmann. Wikimedia Commons.

discursos públicos (Plutarco, *Cayo Graco*, 4.5-6; Séneca, *Consolación a Helvia*, 16.6), o la intervención directa de Cornelia para que su hijo anulase una de sus medidas legislativas, ganándose con este acto la aprobación del pueblo de Roma (Plutarco, *Cayo Graco*, 4.2-3). Asimismo, Plutarco comenta que Cornelia llegó a contratar a un grupo de falsos campesinos para que protegieran a Cayo en la sedición que tuvo lugar en Roma previa a su muerte (Plutarco, *Cayo Graco*, 13.2). Mucho menos verosímil parecen, sin embargo, las noticias de su implicación, junto con su hija, en la muerte de su yerno Escipión Emiliano, contrario a los Graco (Apiano, *Guerras civiles*, 1.20).

Un asunto debatido, directamente relacionado con su implicación política, es la cuestión de la militancia estoica de Cornelia y de sus hijos. Como ha sido señalado por alguna autora, el pasaje en el que Plutarco describe la dignidad ejemplar con la que so-

Fig. 8. *Cornelia rechaza la corona de los Tolomeos* (detalle). Laurent de La Hyre (1646). Museo de Bellas Artes de Budapest. Wikimedia Commons.

portó la muerte de sus hijos y la imperturbabilidad de la que hizo gala está lleno de lenguaje y conceptos estoicos (Plutarco, *Cayo Graco*, 19) (fig. 8).

Fig. 9. *Fulvia descubriendo a Cicerón la conjuración de Catilina,* Nicolas-André Monsiau (1827). Wikimedia Commons.

En realidad, la imponente figura de Cornelia se construyó sobre una mezcla de tradición romana y virtudes estoicas, una filosofía que predicaba el control de las emociones y la indiferencia ante los infortunios, pero que defendía también la intervención del sabio en política.

No todas las mujeres tuvieron la fortuna de Cornelia. Aunque el protagonismo de la mujer romana en la República es indudable, la mayor parte de las veces se tiende a ocultar o a ensombrecer sus acciones. Este fue el caso de una mujer llamada Fulvia, quien desempeñó un papel decisivo en el desmantelamiento del golpe de Estado que preparaba Lucio Sergio Catilina. Fulvia, que tenía relación con uno de los implicados, decidió advertir a Cicerón de la existencia de un complot para asesinarle. Sin embargo, este no la menciona ni una sola vez en sus cuatro discursos ante el Senado y ante el pueblo conocidos como *Catilinarias*. Del olvido la rescata mucho tiempo después un jurista de época imperial llamado Severo Papiniano, quien la menciona expresamente al señalar que las mujeres pueden ser escuchadas en los delitos contra el Estado. Sus palabras no le hubieran gustado nada a Cicerón, quien, a falta de glorias militares, gustaba atribuirse el desmantelamiento de la conjura que amenazó a Roma. Sin embargo, Papiniano concede a Fulvia la importancia que se merece al afirmar: «a fin de cuentas fue una mujer, Fulvia, quien descubrió la conjura de Catilina a Cicerón» (*Digesto*, 48.4.8) (fig. 9).

En realidad, las mujeres romanas, de una forma u otra, siempre habían estado presentes en el espacio público, tendencia que se acentuó de un modo especial a partir del siglo II a. C. En esa época la propia expansión romana, las continuas campañas militares y la posterior crisis de la República desencadenaron importantes transformaciones sociales, políticas y jurídicas en Roma que proporcionaron a las mujeres nuevos ámbitos de acción.

8.
Ser ciudadana
en la República romana

Esta presencia de las mujeres en el espacio público no ha de ser vinculada a la posesión de ciudadanía romana, aunque sea su efecto. Si la mujer romana es o no ciudadana, cuestión planteada páginas atrás, no puede decidirse en función de su grado de participación formal o informal en la política romana. En realidad, el cuestionamiento de la condición ciudadana de la mujer romana es más bien resultado de nuestra moderna forma de pensar, en la que asociamos el disfrute de la ciudadanía con la participación política efectiva (aunque en los sistemas representativos modernos esta participación se reduzca en la práctica a votar cada cierto número de años).

Pero ¿pensaban así los romanos? Probablemente, no. No encontraremos en los escritores antiguos duda alguna sobre la efectiva condición ciudadana de la mujer romana, ni tampoco una definición de la ciudadanía como la formulada por los griegos, para quienes el ciudadano se define por su participación en el gobierno de la polis (Aristóteles, *Política*, 3.1275b). En Roma la ciudadanía se entendía básicamente como la capacidad de participar en el derecho común (*ius commune*) de los romanos. En este sentido todos, hombres y mujeres, eran ciudadanos de Roma y tanto unos como otros tenían pleno acceso al derecho de los ciudadanos romanos (*ius civile*).

La esfera política era, en cambio, un ámbito más de expresión de la ciudadanía que se reservaba para los varones, pero tampoco para todos. En realidad, los hombres que participaban del poder eran, en principio, los movilizables para el servicio militar, que a su vez eran propietarios. Solo estos tenían derechos políticos y podían votar en todas las asambleas, y, en función de su rango social y riqueza, desempeñar las magistraturas. La mujer en Roma no estaba entonces fuera de la ciudadanía, sino fuera del poder, al igual que los varones con escaso patrimonio. Pero, como hemos visto, la exclusión de la política no impidió a la mujer involucrarse en el espacio público de la Ciudad, ni influir en muchas de sus decisiones.

En realidad, la clave para entender la posición que adquiere la mujer en la sociedad romana está en los instrumentos que le suministra su propia ciudadanía. La caracterización de la ciudadanía romana como participación en un conjunto de derechos a los que la ciudadana tenía pleno acceso proporcionó a la mujer romana unos recursos legales eficaces que facilitaron su autonomía. La condición de ciudadana permitió a la mujer, con independencia de su clase social, tener derecho a la propiedad y a administrar su propio patrimonio, además de la capacidad de emprender acciones legales. La posibilidad de ser propietarias y enriquecerse, o incluso de llegar a ser inmensamente ricas, como recuerda el episodio de Hortensia, fue un elemento clave en la progresiva independencia de la mujer romana. Sin riqueza no había posibilidad de intervenir, y mucho menos influir, en la esfera pública.

Las vías de enriquecimiento para la mujer eran variadas; entre ellas ocupaban un lugar principal la dote, los legados y las herencias. Los romanos, a diferencia de los griegos atenienses, no discriminaron a las mujeres en materia de herencia (Gayo, *Instituciones*, 3.1-3). A la muerte del padre, la mujer, al igual que sus hermanos varones, se convertía en heredera de pleno derecho y adquiría la condición de *sui iuris*, que es la forma romana de denominar la plena capacidad jurídica, pues hasta entonces estaba sometida al padre. Prueba del significativo enriquecimiento de las ciudadanas romanas fue la aprobación de una ley en el año 169 a. C., conocida como ley Voconia, que prohibía a los ciudadanos más ricos de Roma que instituyeran a una mujer como heredera. La finalidad de esta ley era limitar el enriquecimiento patrimonial de las mujeres romanas y con ello su influencia y capacidad de acción (Aulo Gelio, *Noches áticas*, 17.6.1).

La facilidad con que se eludieron desde el principio las prescripciones de la ley Voconia es un buen ejemplo de la distancia que en Roma podía mediar entre la formulación legal y la práctica jurídica. En tiempos de Cicerón la ley ya casi no se aplicaba. Él mismo da cuenta de transmisiones de la totalidad de la herencia a mujeres a través de un legado o fideicomiso (Cicerón, *Del supremo bien y del supremo mal*, 2.18.58). Pero también es verdad que Cicerón narra el caso de un tal Sextilio Rufo, quien, nombrado heredero fiduciario por un padre que había dejado escrito en su testamento su intención de dejar todos sus bienes a su hija, quebrantó la promesa de transmitir los bienes a la verdadera heredera. Sextilio, amparándose en la ley Voconia, se quedó con la mayor parte de la herencia. Este caso se ha transmitido por ser un ejemplo de conducta reprochable y como tal se debe considerar una excepción (Cicerón, *Del supremo bien y del supremo mal*, 2.17.54-55).

Es cierto, sin embargo, que la mujer romana se encontraba en una posición de inferioridad con respecto al hombre. De hecho, siempre estuvo sujeta a una potestad familiar, ya sea la del padre o la del marido; o bien, bajo tutela perpetua si era independiente (*sui iuris*). Esto ocurría al morir el padre, momento en que los hijos se independizaban. No obstante, la ciudadana, aunque fuese independiente, quedaba sometida a tutela en razón de su sexo «por debilidad de juicio», argumentaba Cicerón (*En defensa de Lucio Murena*, 12.27). Esta «debilidad» o *infirmitas* no hay que tomársela muy en serio, como se verá más adelante.

La inferioridad jurídica de la mujer podía verse acentuada con el matrimonio. Si la mujer contraía un tipo de matrimonio denominado *cum manu*, quedaba bajo la tutela legal del marido. Dicha circunstancia traía consigo que todos los bienes que heredaba pasaban a la familia de su marido, pues con este tipo de matrimonio la mujer rompía todo vínculo con la familia originaria al ingresar en la familia del marido. Sin embargo, existía la posibilidad de contraer un matrimonio libre o matrimonio *sine manu,* que permitía a las mujeres no quedar sometidas al poder del marido. En este tipo de matrimonio la mujer conservaba la posición que tenía en su familia de origen y no ingresaba en la familia del marido. Esto tenía evidentes ventajas. Si la mujer ya era independiente por fallecimiento de su padre, no perdía esta condición con el matrimonio y podía, por tanto, disponer de sus propios bienes. Si, por el contrario, en el momento de su matrimonio, la mujer estaba aún sometida a la potestad del padre, continuaba sometida a él. Aun así, la última situación era preferible a estar sometida al marido por dos razones de orden práctico. Su padre vivía en otra casa y si, por razón de edad, moría antes que el marido, la mujer podía conseguir su independencia.

Por causas no del todo aclaradas, el matrimonio *sine manu* se generalizó a partir del siglo II a. C. Quizá la voluntad de las mujeres de clase alta y sus familias de no perder la gestión de su cuantioso patrimonio hizo que se prefiriera celebrar esta suerte de matrimonio con separación de bienes (fig. 10). Tal circunstancia, además de otros factores de orden histórico, introdujeron importantes cambios en la vida de las ciudadanas romanas.

Es verdad que la mujer, como ya se ha dicho, se encontraba sujeta a una tutela perpetua de la que estaban libres los varones. La existencia de esta tutela se traducía en que la mujer necesitaba de un tutor para obrar o gestionar económicamente su patrimonio, por ejemplo, para vender sus bienes o manumitir a sus esclavos. Pero una cosa es el principio jurídico y otra su actualización. La exigencia de la tutela acabó siendo una ficción jurídica. De hecho, Cicerón se lamentaba de que, modificando lo dispuesto por la tradición, los jurisconsultos inventasen una especie de tutores capaces de someterse a la voluntad de las mujeres (Cicerón, *En defensa de Lucio Murena*, 12.27). No sabemos exactamente a qué tutores hace referencia Cicerón, pero sí es cierto que comenzó a ser frecuente que el padre e incluso el marido estableciesen en su testamento que la mujer tuviese la posibilidad de elegir tutor (*optio tutoris*). De hecho, ya en el año 186 a. C. hay noticia de la concesión de este derecho a la liberta Hispala Fenecia. Cuando esto se producía, solía ser frecuente que las mujeres eligiesen a alguien manejable, que podía ser un liberto de su marido o propio. Posiblemente sean estos tutores de condición liberta en los que estaba pensando Cicerón, pues sobre ellos sí podían ejercer las mujeres su autoridad y no a la inversa.

Fig. 10. Pareja pompeyana. Siglo I a. C. Museo Arqueológico de Nápoles. Wikimedia Commons.

Es un hecho que la generalización del matrimonio *sine manu* permitió a la mujer romana conservar su patrimonio y disponer con más libertad de sus bienes. Como resultado de todo este proceso, en Roma a finales de la República no solo había muchas mujeres que administraban su propio patrimonio y que, además, eran ricas, como ya se ha mencionado, sino que el uso de estas riquezas permitió a las ciudadanas romanas neutralizar, en gran medida, sus incapacidades en el ámbito público o político.

9.
Ciudadanas romanas
fuera de Roma

El diseño jurídico y no político de la ciudadanía romana permitió, además, su expansión fuera de los muros de la ciudad de Roma desde fechas muy tempranas.

Sin embargo, suele ser habitual cuando se lee o se oye la expresión «ciudadanas romanas» pensar únicamente en las mujeres que viven en la ciudad de Roma. Desde romanas de baja condición social como Manilia, que hemos mencionado al comienzo, a las grandes damas de la aristocracia como Cornelia, Servilia o Terencia, la primera esposa de Cicerón, todas tienen en común, aunque parezca una obviedad, que son ciudadanas de la ciudad de Roma. Son estas últimas también las protagonistas del relato histórico porque solo de ellas nos hablan con cierta atención las fuentes disponibles, siempre escasas en el mundo antiguo.

Pocas veces se tiene presente, sin embargo, que no son las mujeres de Roma las únicas ciudadanas romanas que existen en Italia, ni siquiera las más numerosas. Desde una época tan temprana como el siglo IV a. C., Roma tuvo por costumbre conceder su propia ciudadanía a las ciudades de su entorno a las que iba venciendo, integrándolas así a su dominio. La ciudad latina de Túsculo fue la primera en recibir la ciudadanía romana en el año 380 a. C.; a ella siguieron otras muchas. Esto obliga a considerar, sin necesidad de hacer grandes cálculos, que ya desde época temprana habría con seguridad más ciudadanas romanas viviendo fuera de Roma que en la propia Ciudad. La anónima ciudadana romana de Arretio mencionada por Cicerón, la Mesia de Sentino que se defendió a sí misma brillantemente y tantas otras cuyas vidas desconocemos eran también ciudadanas romanas y no vivían en Roma.

Esta circunstancia nos puede resultar llamativa, y de hecho lo es. Por ejemplo, es ajena al mundo griego, donde las ciudadanías no solían sobrepasar los muros de las respectivas ciudades. No hay ciudadanas atenienses viviendo como tales fuera de Atenas, pero sí multitud de ciudadanas romanas viviendo fuera de Roma y ejerciendo esta ciudadanía en una u otra ciudad de Italia. Las tempranas concesiones de ciudadanía romana se limitaron a las ciudades del Lacio o de otros territorios cercanos. El resto de las ciudades de Italia tuvieron que esperar hasta el año 90 a. C. para que una ley Julia (*lex Iulia de civitate*) concediese la ciudadanía romana a toda Italia, aumentando exponencialmente el número de mujeres romanas en la República que no vivían en Roma. Estas mujeres no se paseaban habitualmente por el foro, ni acudían a los templos romanos, ni participaban en Roma en conversaciones políticas y cenáculos, y muchas de ellas, especialmente si no eran aristócratas, tan solo ocasionalmente pisarían la ciudad de Roma, quizá con motivo de alguna fiesta o espectáculo. Tampoco sabemos nada relevante de sus vidas porque las fuentes, más allá de alguna noticia puntual, solo se ocupan de las mujeres romanas que vivían en Roma, haciéndonos creer que son las únicas que existen. Se podría decir que las ciudadanas romanas de Italia son víctimas de un doble ocultamiento. En primer lugar, el que se cierne sobre su condición de mujer; y en segundo lugar, el que deriva de la posición subordinada de sus ciudades a Roma.

La diferencia que pudiera establecerse entre unas y otras ciudadanas no es jurídica, sino de otro orden. Tiene que ver con el estatus y con los beneficios que se obtienen viviendo en la sede del imperio y perteneciendo al mismo entorno ciudadano de los hombres que gobiernan una ciudad en proceso de expansión. De hecho, las ciudadanas romanas de Italia se verían afectadas por la misma legislación que las mujeres de Roma. ¿Quiénes serían, si no, aquellas mujeres que de otras ciudades de Italia afluían a Roma en número cada vez mayor para apoyar la derogación de la ley Opia? (Tito Livio, *Desde la fundación de la Ciudad*, 34.1.6). Basta ver el diferente comportamiento de las mujeres de las colonias latinas, quienes, no afectadas por la legislación romana, hacían ostentosa manifestación de sus riquezas por las calles de Roma para irritación de sus ciudadanas (Tito Livio, *Desde la fundación de la Ciudad*, 34.7.5-6).

La posibilidad de disfrutar de la ciudadanía romana fuera de la ciudad de Roma desde fechas muy tempranas confirmaría que no es la participación política la que define a una ciudadanía que puede ser exportada fácilmente fuera de su sede original.

10.
La concesión de ciudadanía romana. La avaricia griega frente a la generosidad romana

Los romanos eran conscientes, y así lo decían con orgullo, de que uno de los fundamentos de la superioridad de Roma era su capacidad para integrar en su propia ciudadanía a población extranjera, a diferencia de lacedemonios y atenienses, «que apartaban a los vencidos como extranjeros» (Tácito, *Anales*, 11.24.2). Estas palabras pertenecen a un discurso ante el Senado pronunciado por el emperador Claudio, quien recordaba también el lejano origen sabino de su familia, entroncando así con una de las más importantes leyendas fundacionales romanas, el rapto de las sabinas. La idea del extranjero que se integra en el Estado como ciudadano se halla en los fundamentos mismos de Roma.

En relación con la concesión de ciudadanía, los romanos siempre fueron más generosos que los griegos. De hecho, suele ser un lugar común referirse a la «avaricia» griega frente a la «generosidad» romana, por emplear una fórmula moderna. Sin embargo, no por ello se ha de pensar en una concesión incontrolada de la ciudadanía, pues el acceso a la misma y su transmisión estaban sometidos a controles políticos y jurídicos que garantizaban, en principio, su adecuada difusión.

Durante la República, la concesión de la ciudadanía estaba en manos del pueblo de Roma. Es cierto que las fuentes pueden dar a entender, a veces, que es el Senado o los generales mismos quienes conceden la ciudadanía romana, pero no es así. El Senado puede manifestar su opinión sobre la conveniencia de conceder la ciudadanía a un individuo o a una ciudad, pero esta sugerencia, generalmente aceptada, ha de ser refrendada por el pueblo de Roma o por los magistrados que lo representan. Es el caso de la sacerdotisa veliense Califana, a quien el Senado decidió conceder la ciudadanía romana, y para ello hizo la propuesta al pueblo de Roma, que es quien debía aprobarla (Cicerón, *En defensa de Lucio Cornelio Balbo*, 55). Otras veces, era el propio Senado el que había de recordar a unos despistados tribunos de la plebe que la concesión de la ciudadanía era competencia del pueblo romano y no de los senadores (Tito Livio, *Desde la fundación de la Ciudad*, 38.36.8).

Cuestión diferente era que, en momentos de crisis o de apremios militares, la legalidad de los procedimientos fuera transgredida sin miramientos. Esto ocurrió, a veces, con los generales en campaña, como fue el caso del cónsul Cayo Mario, quien, sin autorización de una ley y en plena campaña militar, concedió la ciudadanía romana a unos soldados bajo su mando. Claro está que, como él mismo se disculpó con ironía, «el fragor de las armas le había impedido escuchar las palabras del derecho civil» (Valerio Máximo, *Hechos y dichos memorables*, 5.2.8).

Cualquier concesión de ciudadanía que fuera por los cauces legales había de ser aprobada, por tanto, por el pueblo de Roma como máxima expresión de la soberanía romana. Ahora bien, la ciudadanía romana no se adquiría únicamente con la solemne intervención de los poderes públicos. Este procedimiento tenía, más bien, un carácter excepcional. Las vías habituales de adquisición y transmisión de la ciudadanía se producían, sin tanto aparato, en el ámbito privado y no necesitaban de la intervención de la autoridad romana.

11.
De extranjeras a ciudadanas. El acceso de la mujer a la ciudadanía romana

A la vista del poder y de la riqueza que, desde finales del siglo III a. C., afluía a Roma de todas partes del Mediterráneo, seguro que más de una mujer extranjera (*peregrina*, según la denominación romana) se tuvo que preguntar en algún momento cómo podría adquirir la ciudadanía romana. La arrogancia con la que se comportaban las mujeres de Roma de viaje por Italia sería también un elemento psicológico a considerar (Aulo Gelio, *Noches áticas*, 10.3.3). El problema es que esa mujer tenía, en principio, muy pocas posibilidades de convertirse en romana.

Las mujeres extranjeras carecían de vías propias para obtener la ciudadanía romana. Existían, sin embargo, algunos procedimientos de acceso a la *civitas* que podían favorecer a la mujer de forma indirecta. El principal y más frecuente dependía de que Roma decidiese, por alguna razón, conceder su ciudadanía a la comunidad en la que la mujer residía. En este caso, era la población en su conjunto la que accedía a la ciudadanía: mujeres, hombres y niños con residencia oficial en la ciudad extranjera adquirían la condición de ciudadanos de Roma, mientras que la ciudad se transformaba en un municipio de derecho romano. Esta fue una práctica a la que Roma recurrió desde fechas muy tempranas, como ya se ha observado. Las concesiones de ciudadanía a ciudades extranjeras en las primeras fases de la expansión romana hay que entenderlas no como un beneficio, sino como un útil instrumento de dominio al servicio de los intereses de Roma. Otras vías de acceso a la ciudadanía eran de carácter individual y exigían desempeñar actividades políticas, judiciales o militares, por lo que no estaban al alcance de las mujeres, quienes, como se ha dicho, no podían desempeñar magistraturas, acusar a terceros ante los tribunales o servir en el ejército.

Ahora bien, la mujer podía ser madre, esposa o hija de un individuo al que se recompensaba con la ciudadanía. Por esta vía indirecta las mujeres extranjeras podían convertirse en ciudadanas romanas. De hecho, era frecuente que la ciudadanía que obtenía el varón se hiciese extensible, bien a la totalidad de la familia, bien a una sola parte, generalmente las hijas e hijos. Las circunstancias podían variar, aunque es cierto que la categoría social del nuevo ciudadano romano podía condicionar la cobertura familiar de la concesión. No era habitual que la mujer de un soldado auxiliar accediese con él a la ciudadanía romana; tan solo lo hacían las hijas e hijos. Sin embargo, en otros contextos sociales la cobertura era más amplia. Fue el caso de un griego llamado Seleuco de Rosos, que había prestado una importante ayuda militar y económica a los triunviros, recibiendo, por ello, la ciudadanía romana entre los años 36 y 34 a. C. con toda su familia, padre y madre, su esposa, sus hijas e hijos y descendientes (texto 8).

TEXTO 8.

CONCESIÓN DE CIUDADANÍA A SELEUCO

(*Fuentes del derecho romano anteriores a Justiniano (FIRA)*, I 55,2. ll 19-20)

«Puesto que Seleuco de Rosos, hijo de Teodoto, ha combatido con nosotros en Italia bajo nuestro mando, […] manifestando una completa devoción y fidelidad a la República / […]: A él, a sus padres, a los hijos y a los descendientes y a la mujer que con [él está o] estará […] nosotros concedemos el derecho de ciudadanía romana».

Era relativamente frecuente que Roma recompensase con su ciudadanía a individuos que habían prestado servicios destacados al Estado, generalmente de carácter militar. Pero también podía haber otro tipo de razones para conceder la ciudadanía a título individual, como fue el caso de Califana, la sacerdotisa de la ciudad de Velia ya mencionada (fig. 11). Esta mujer, que iba a oficiar ritos griegos en honor de Ceres en Roma, provenía de una ciudad federada del sur de Italia, y, por tanto, era extranjera. Por escrúpulo religioso, el Senado consideró conveniente que oficiara los ritos como ciudadana romana, razón por la cual se le concedió la ciudadanía (texto 9).

> ### TEXTO 9.
> ### LA CONCESIÓN DE CIUDADANÍA ROMANA
> ### A UNA SACERDOTISA GRIEGA
> (Cicerón, *En defensa de Cornelio Balbo*, 24, 55)
>
> «Afirmo que, hace muy poco, antes de que se concediera el derecho de ciudadanía a los velienses, el pretor urbano Gayo Valerio Flaco, por decisión del Senado, presentó ante el pueblo una propuesta de ley a favor de la veliense Califana para que fuera ciudadana romana».

También se podía obtener la ciudadanía trasladándose a vivir a Roma e inscribiéndose en el censo. Esta vía no estaba abierta a todos los extranjeros, pues era propia únicamente de la población latina. En tal caso, las mujeres de las colonias latinas podían adquirir la ciudadanía romana, junto con sus hijos, acompañando a los maridos respectivos en su traslado a Roma. Esta forma de acceder a la ciudadanía, sometida a cierta discusión en la historiografía moderna, se cerró en el siglo II a.C. con la expulsión de cientos de familias latinas de Roma, y, que se sepa, este derecho no se volvió a utilizar (Tito Livio, *Desde la fundación de la Ciudad*, 39.3.4-6).

Una nueva vía de acceso a la ciudadanía se abrió en época gracana, al extenderse a la población extranjera, por razones políticas, un derecho que ya tenían los ciudadanos romanos. El tribuno Cayo Graco logró que se aprobase una nueva ley contra la corrupción conocida como la *lex Acilia de repetundis* (123-122 a.C.). Una de sus cláusulas permitía a los extranjeros conseguir la ciudadanía romana si acusaban a un senador de Roma por un delito de

Fig. 11. Sacerdotisa romana. Museum of Fine Arts, Boston.

corrupción y lograban su condena ante los tribunales romanos. La empresa era bastante difícil y costosa, pero no por ello dejó de ser intentada con éxito por individuos ambiciosos de las ciudades de Italia. En este caso, la ley establecía expresamente que las hijas e hijos y descendientes podían acompañar al padre en el acceso a la ciudadanía romana. No se hacía mención, sin embargo, ni a la esposa ni a la madre del acusador.

Por último, en el año 89 a.C., se tiene noticia de un nuevo derecho que se concedió a las ciudades galas de la Galia Transpadana y que es conocido como *ius Latii* o derecho latino. Este derecho, que estaba pensado para que solo los miembros de las clases altas accediesen a la ciudadanía romana, tenía la peculiaridad de que concedía la ciudadanía al individuo que durante un año desempeñase una magistratura en su propia ciudad (Asconio, *Contra Pisón*, 3C). Por una ley hispana posterior de época flavia (finales del siglo I d.C.), sabemos que la cobertura familiar de este derecho fue amplia. Según establecía la ley, en el acceso a la ciudadanía romana acompañaban al magistrado su mujer legítima, los hijos e hijas habidos de esta unión, así como sus nietos y nietas, siempre y cuando no se hubieran independizado, además del padre y la madre del magistrado (*Ley Irnitana*, cap. 21).

12.
Cuando solo la mujer transmite la ciudadanía romana

Las principales formas de reproducción y transmisión de la ciudadanía romana eran, sin embargo, de carácter privado y se daban en el seno de la familia. Estas vías eran dos: por un lado, el nacimiento en una unión legítima en la que ambos padres fueran ciudadanos romanos; por otro, la manumisión, es decir, el acto a través del cual los propietarios de esclavos, al darles la libertad por los procedimientos establecidos, los convertían en ciudadanos de Roma. Retomando la primera vía, el nacimiento en una unión legítima o filiación era el modo habitual de reproducción de ciudadanos romanos, y la única forma de transmitir la ciudadanía romana por vía masculina. Esto indicaría que en Roma, a diferencia de los Estados modernos, la ciudadanía no tenía un carácter territorial. Si una mujer nacía de una unión de dos personas que carecían de ciudadanía, aunque el nacimiento se produjera accidentalmente en el propio foro de Roma, la recién nacida no tendría derecho a la ciudadanía romana porque tampoco la tenían sus padres.

Ahora bien, es cierto que, en un mundo tan extenso y complejo como el romano, la posibilidad de formar una familia con personas extranjeras era muy alta. En principio, las uniones mixtas entre individuos con distinta ciudadanía no eran reconocidas por Roma. Sin embargo, existían procedimientos para legitimarlas. No era infrecuente que, en tales casos, Roma concediese el derecho de matrimonio legítimo, llamado *ius conubii*, en el momento de la unión o retroactivamente, como ocurrió en época imperial con los soldados auxiliares. En aquellas uniones mixtas a las que Roma confirió legitimidad, los hijos habidos de la unión recibían la ciudadanía que tuviera el padre, fuera cual fuera esta. Si el padre era griego y la madre romana, los hijos eran griegos. En el caso inverso, los hijos heredaban la ciudadanía romana del padre.

La ciudadanía romana tenía, no obstante, una importante peculiaridad. Mientras el ciudadano romano necesitaba siempre del matrimonio para transmitir la ciudadanía a sus hijos, no era así en el caso de la mujer, que en este ámbito era más autónoma. La madre soltera romana tenía la capacidad de transmitir la ciudadanía fuera del matrimonio, ya que los hijos habidos de una unión ilegítima o simplemente de padre desconocido, seguían directamente la ciudadanía romana de la madre. En este sentido, merece la pena mencionar brevemente, aunque tengamos que trasladarnos a época imperial, un caso que proporciona el rico fondo documental del Egipto romano. En la ciudad de Karanis una mujer romana llamada Sempronia Gemella parece que prefirió inscribir a sus dos hijos gemelos en el censo indicando que eran nacidos de padre desconocido (*ex incerto padre*), antes que regularizar su situación con el individuo griego con quien convivía y más que probable padre de sus hijos (quizá fue él, incluso, el varón que los inscribió). La razón para preferir la ilegitimidad de los hijos no puede ser otra que el deseo de que no perdieran la ciudadanía romana, que, debido precisamente a su nacimiento ilegítimo, les transmitió su madre.

13.
¿*Infirmitas sexus?*

La expresión *infirmitas sexus* hace referencia a la ligereza o debilidad de juicio propia de la mujer. Esta idea operó a modo de bóveda ideológica para justificar la inferior posición jurídica de la mujer en el mundo romano, y tuvo especial éxito entre los juristas de los siglos II y III d. C. En realidad, la idea y su expresión técnica no parece documentarse antes del año 63 a. C., y la emplea Cicerón en su variante *infirmitas consilii* («debilidad de juicio»). La finalidad de su uso era explicar la razón por la cual todas las mujeres estaban sometidas a tutela: la inseguridad femenina a la hora de decidir cuál era la acción correcta, especialmente en asuntos patrimoniales, requería de la protección permanente de un tutor (Cicerón, *En defensa de Lucio Murena*, 12.27). Desde un punto de vista psicológico, resulta sorprendente que esta frase la escribiera una persona como Cicerón, que tanto apoyo recibió de las mujeres a lo largo de su vida. Desde la extraordinaria competencia financiera demostrada por su mujer, Terencia, hasta la ayuda económica recibida de su amiga Cerellia, o las llamadas a la prudencia política de su hija Tulia (Cicerón, *Cartas a Ático*, 10.8.1). En realidad, Cicerón no despreciaba el derecho de las ciudadanas romanas a la igualdad en materia económica, puesto que él mismo reclamaba el derecho de la mujer a tener su propio dinero o a poder heredar de la madre (Cicerón, *Sobre la República*, 3.10.17).

Por otro lado, la idea de debilidad femenina parece ser rebatida por el comportamiento independiente mostrado por las ciudadanas romanas a partir del siglo II a. C. Precisamente aquí estaría la clave no confesada del argumento ciceroniano. Como han demostrado algunos autores, la conceptualización de esta sobrevenida debilidad femenina, que la realidad histórica desmiente, ha de ser interpretada más bien como una reacción a la progresiva situación de enriquecimiento, independencia y autonomía de la mujer romana. En realidad, estas reacciones de tono conservador son observables en varios ámbitos y no afectan solo a la situación de la mujer. Cuando se censuró a Gaya Afrania su comportamiento indecoroso como abogada (agresivo y competente, se podría interpretar), hasta el punto de que se prohibió por su causa esta actividad a las mujeres, se aplicó una adjetivación denigratoria a su oratoria procesal. Afrania no hablaba, sino que «ladraba», dice Valerio Máximo. Precisamente esta metáfora, «ladrar como un perro», proviene del mundo griego y se incorporó a la retórica romana de orientación conservadora para atacar a los oradores más favorables al pueblo. No puede ser casual que en estas dinámicas de reacción también la expresión *infirmitas consilii* (debilidad de juicio) sea una traducción, más o menos directa, de un pasaje de Aristóteles (*Política*, 1260a.12-13).

La importancia del argumento ciceroniano no debe ser sobredimensionada. La condición de la ciudadana romana en la República era mejor de lo que suele pensarse. Podría establecerse una distinción entre nuestra propia sociedad y la de la antigua Roma a favor de las mujeres romanas. En nuestro tiempo la normativa jurídica y legislativa establece la paridad absoluta de los sexos, pero la práctica social puede resultar discriminatoria. Por el contrario, en el mundo romano las normas son decididamente discriminatorias, como hemos visto en el caso de la enérgica exclusión normativa de la mujer de la vida política e institucional, pero en la práctica jurídica y social de la República romana emerge una figura femenina más bien autónoma e independiente.

Fuentes y bibliografía

Es tarea compleja hacer referencia a las fuentes sobre las mujeres de la antigua Roma, en general. Los testimonios sobre la mujer son dispersos, lo que obliga al lector a ir saltando de una fuente a otra para poder reconstruir, aunque sea parcialmente, la vida de las ciudadanas romanas y su condición. Para el relato sobre acciones colectivas de las mujeres romanas en el siglo II a.C., el autor de referencia es Tito Livio, concretamente sus libros 22, 34 y 39. Su obra *Desde la fundación de la Ciudad* solo se conserva hasta el año 167 a.C.; el resto descansa en resúmenes posteriores que no son de mucha utilidad para el tema. Respecto al episodio protagonizado por Hortensia, las fuentes principales son Apiano, *Guerras civiles*, y Valerio Máximo, *Hechos y dichos memorables*. Este último autor, que agrupa la información por temas con ánimo moralizante, proporciona abundantes detalles y anécdotas de diversas mujeres romanas, de relativa fiabilidad. Asimismo, Aulo Gelio y su obra *Noches áticas*, un compendio variado de sus intereses y curiosidades personales, ofrece noticias de diversa índole sobre la mujer, muchas de ellas de carácter jurídico e institucional.

Un autor griego que, al hilo de la vida de sus biografiados, aporta información valiosa sobre las mujeres que compartieron sus vidas es Plutarco. Las biografías de Tiberio y Cayo Graco, Pompeyo, Cicerón, Bruto, Catón el Joven o Marco Antonio contenidas en su obra *Vidas paralelas* nos hablan de Cornelia, Sempronia, Servilia, Terencia o Tulia, entre otras. Para la vida de Cornelia, Plutarco resulta una fuente de especial interés. Un escritor imprescindible es, sin duda, Cicerón. Sus discursos y tratados están salpicados de informaciones de interés sobre la mujer romana. Pero sobre todo sus cartas, tanto las llamadas *Cartas a Ático* como las *Cartas a los familiares*, tienen el interés de proporcionar información directa y detallada sobre el transcurrir de la vida política y personal del autor. Muchos rasgos del carácter de Servilia y sus actividades en la política romana tienen por fuente a este autor. Asimismo, la relación mantenida entre Fulvia y Cicerón puede leerse en Salustio, *La conjuración de Catilina*. A la vista del tema de este folleto, también es importante tener presente las fuentes jurídicas. La compilación jurídica conocida como *Digesto* proporciona información útil sobre la condición de la mujer, así como la obra *Instituciones* de Gayo.

Para iniciarse en el estudio de la condición de las ciudadanas romanas resulta esclarecedor por su enfoque y claridad expositiva el libro de Eva Cantarella *Pasado próximo: mujeres romanas de Tácita a Sulpicia*, Madrid, 1997; asimismo, el presente trabajo debe mucho a la monografía de Leo Peppe, *Civis Romana. Forme giuridiche e modelli sociali dell'appartenenza e dell'identità femminili in Roma antica*, Lecce, 2016. El lector encontrará en este libro muchos temas de interés relacionados con la ciudadanía de la mujer romana, además de una amplia bibliografía. También es recomendable, desde una perspectiva jurídica, el clásico trabajo de Yan Thomas «La división de los sexos en el derecho romano», en Pauline Schmitt Pantel (ed.), *Historia de las mujeres*, Madrid, 1991, 115-179. Sobre los diversos ámbitos y formas que podía adoptar la acción femenina en Roma, Francesca Rohr Vio, *Powerful Matrons. New Political Actors in the Late Roman Republic*, Zaragoza–Sevilla, 2022, con la bibliografía anterior (existe versión en italiano). Igualmente, se analizan diversos aspectos relacionados con la ciudadanía en el reciente volumen colectivo a cargo de Cristina Rosillo-López y Silvia Lacorte (eds.), *Cives Romanae. Roman Women as Citizens during the Republic*, Zaragoza–Sevilla, 2024 (en acceso abierto), donde se recogen las contribuciones de distintos especialistas sobre el tema. En español, son importantes y de útil lectura, los trabajos de Rosa María Cid López, «Mujeres y acción política en la República tardía: las conspiradoras. Imágenes nuevas de viejas prácticas femeninas», en Jordi Cortadella, Oriol Olesti Villa y César Sierra Martín (eds.), *Lo viejo y lo nuevo en las sociedades antiguas*, Besançon, 2018, 619-664; de la misma autora, «Mujeres y actividades políticas en la República. Las matronas rebeldes y sus antecesoras en la Roma antigua», en Almudena Domínguez Arranz (ed.), *Mujeres en la antigüedad clásica. Género, poder y conflicto*, Madrid, 2010, 125-152. Asimismo, es de interés el trabajo de Rosario Cortés Tovar «Espacios de poder de las mujeres en Roma. Sobre la implicación política de las mujeres de la aristocracia romana», en Jesús María Nieto Ibáñez (ed.), *Estudios sobre la mujer en la cultura griega y latina*, León, 2005, 193-216. Un panorama general de ágil lectura lo proporciona el libro de Richard Bauman *Women and Politics in Ancient Rome*, Londres, 1992. Respecto a las vidas de Servilia y de Cornelia, hay dos biografías espléndidas, escritas respectivamente por Susan Treggiari, *Servilia and her Family*, Oxford, 2019, y Suzanne Dixon, *Cornelia. Mother of the Gracchi*, Londres-Nueva York, 2007. Por último, es muy recomendable la consulta de la página web *Conditio feminae* (https://grupo.us.es/conditiofeminae/), dirigida por Pilar Pavón, y en la que colaboran un importante número de especialistas. En ella, el lector podrá encontrar un breve resumen de la vida de 250 mujeres de la Roma antigua, acompañado de una sucinta bibliografía y textos de referencia.

CRONOLOGÍA DE LA REPÚBLICA ROMANA

AÑO	ACONTECIMIENTO
509	Expulsión de Roma del rey Tarquinio el Soberbio. Inicio de la República
494	Creación del tribunado de la plebe después de la primera secesión
451-450	Ley de las Doce Tablas, primer código legal de Roma
445	Se autoriza el matrimonio entre patricios y plebeyos
326	La *lex Poetelia Papiria* supone la abolición de la servidumbre por deudas
312	Se construye el primer acueducto de Roma, *Aqua Appia*
304	Construcción de la Vía Apia, de Roma a Capua
287	La *lex Hortensia* da valor de ley a las decisiones de la plebe (plebiscitos)
264-241	Primera Guerra Púnica. Control romano de Sicilia, Córcega y Cerdeña
218-202	Segunda Guerra Púnica contra Cartago. Desembarco romano en la Península Ibérica
215	La *lex Oppia* restringe el uso de objetos de lujo por parte de las mujeres
Siglo II a.C.	Generalización del matrimonio *sine manu*, por el que las mujeres eluden la tutela legal de su marido
200-196	Segunda Guerra Macedónica, que finaliza con el protectorado sobre Macedonia y un control tutelado sobre Grecia
188	Plauto escribe una de sus comedias más famosas, *Anfitrión*
186	*Senatus consultum de Bacchanalibus*, decreto del Senado reprimiendo el culto al dios Baco en Italia
180	La *lex Villia Annalis* establece la normativa de acceso a las magistraturas *(cursus honorum)*
h. 160	Catón escribe su tratado *Sobre la agricultura*
149-146	Tercera Guerra Púnica. Destrucción de Cartago. Destrucción de Corinto. Creación de la provincia de Macedonia
133 y 121	Asesinatos políticos de los tribunos de la plebe Tiberio y Cayo Sempronio Graco
ca.115 o 110	Muere Cornelia, modelo ejemplar de matrona romana y madre de los Gracos
91-88	Guerra contra los Aliados. Concesión de la ciudadanía romana a los itálicos
82-81	Dictadura de Sila y proscripciones de sus adversarios políticos
73-71	Revuelta de esclavos y gladiadores liderada por Espartaco
67-66	Las leyes Gabinia y Manilia otorgan poderes extraordinarios a Pompeyo contra los piratas en el Mediterráneo y contra Mitrídates en Oriente
58	Tribunado de la plebe de Clodio: distribuciones gratuitas de trigo en Roma. Exilio de Cicerón
55	Construcción del teatro de Pompeyo, primero en piedra en la historia de Roma
51	Cicerón escribe su tratado filosófico y político *Sobre el Estado*
50	Julio César publica *La Guerra de las Galias* sobre sus campañas militares
49-45	Guerra civil entre cesarianos y pompeyanos. Victoria de los cesarianos
45	Entrada en vigor del calendario juliano (en vigor en Europa hasta 1582)
44	Asesinato de Julio César en los Idus de marzo
43	Triunvirato de Lépido, Marco Antonio y Octavio. Proscripciones
31	Batalla de Accio: victoria de Octavio sobre las tropas de Marco Antonio y Cleopatra VII
27	Octavio devuelve sus poderes al Senado, pero su gesto es rechazado. Es proclamado Augusto

Hoy en día solemos asociar la ciudadanía con la participación política, y por eso se pone en duda que en la antigua Roma las mujeres fueran realmente ciudadanas. Es cierto que las mujeres no tenían acceso a los cargos públicos ni podían votar, pero ¿debemos entender por eso que las mujeres romanas no eran ciudadanas? ¿Qué significaba ser mujer y ciudadana en la Roma republicana? En las páginas que siguen se da respuesta a estas cuestiones, analizando la naturaleza de la ciudadanía y las razones de la autonomía e independencia alcanzada por las mujeres romanas. Lejos de vivir relegadas al ámbito doméstico, las ciudadanas se hicieron presentes en el espacio público y participaron activamente de la vida social y política de la ciudad. Los derechos que otorgaba a la mujer una ciudadanía con un nervio más jurídico que político serán un elemento clave de este proceso. Se aborda asimismo el papel de la mujer en la transmisión de la ciudadanía a los hijos, y cómo una extranjera podía llegar a convertirse en ciudadana. Por último, se presta atención a un aspecto menos conocido, que ya desde época muy temprana había muchas más ciudadanas romanas viviendo en distintas ciudades de Italia que en la propia Roma.

Estela García Fernández es profesora titular de Historia Antigua en la Universidad Complutense de Madrid.

EUS EDITORIAL UNIVERSIDAD DE SEVILLA

Prensas de la Universidad Universidad Zaragoza

1474

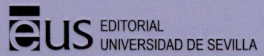